時代をつくるデザイナーになりたい!!

Lighting Designer

照明デザイナー

世の中をうつくしく照らし
心地よく暮らせる生活を
実現したいから、めざせ
照明デザイナーを!!

協力
日本国際照明デザイナーズ協会

六耀社

もくじ

時代をつくるデザイナーになりたい!!
照明デザイナー

3 — **第1章　安心で安全な夜をみまもる　照明の世界が広がる**

照明デザイナーの基礎知識①／照明デザイナーの基礎知識②／照明デザイナーの基礎知識③／照明デザイナーの基礎知識④／この本で紹介する4人の建築照明デザイナー（角舘まさひでさん、澤田隆一さん、田中圭吾さん、村角千亜希さん）

13 — **第2章　人びとの心と暮らしをささえる　照明デザイナー**

14 — 照明デザイナーの仕事①　照明デザインが、建築の仕あがりをかざる

照明デザイナーの役割／建築の基本的なながれと照明デザイナーの仕事のながれ

16 — 照明デザイナーの仕事②　照明デザイナーの仕事のはじまり

オリエンテーションに参加する

17 — 照明デザイナーの仕事③　照明デザインのイメージを考える

事務所スタッフとうちあわせをする／現地調査をおこなう／照明デザインのイメージを決定する

20 — 照明デザイナーの仕事④　照明のデザインをプレゼンテーションする

プレゼンテーションのための提案書をつくる／プレゼンテーションに参加する

22 — 照明デザイナーの仕事⑤　理想の照明デザインを実現するために

照明の配置をしめす配灯図を描く／配灯図以外にも、さまざまな図面を作成／照明器具を選んで準備する

26 — 照明デザイナーの仕事⑥　理想のデザインを実現するための照明実験

さまざまなかたちでおこなわれる照明実験

28 — 照明デザイナーの仕事⑦　建築現場で、照明の効果を確認・調整する

現場にたびたび足を運び、最後は仕あげの調整を

30 — 照明デザイナーの仕事⑧　あたらしい光が、人びとの生活をみまもる

美術館の照明／チャペルの照明／レストランの照明／住宅の照明／結婚式場の照明／まちの明かり／書店の照明／保育園の照明

33 — **照明デザイナーの気になるQ&A**

Q1 照明デザイナーになるための進路／Q2 照明デザイナーのネットワーク／Q3 照明デザイナーがあつかう照明器具／Q4 照明デザイナーがおもに使う道具／Q5 照明デザイナーをめざしたきっかけ

第1章

安心で安全な夜をみまもる
照明の世界が広がる
Lighting Designer

古代の人びとがおそれおののいていた夜の暗やみを、
明るく照らしてくれた火の光。数千年のときをきざみながら
「明かり」は「照明」に進化して、
人の心をいやし、暮らしをあたたかくつつみこんできました。
照明のかがやくところには、たくさんの人があつまり、
照明の光の輪のなかで人びとの心はなごみ、かよいあいます。
ここでは、まず、私たちの生活にかかせない照明と、
人びとのつながりをさぐっていきましょう。

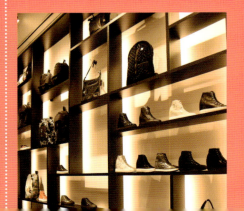

照明デザイナーの基礎知識 ①

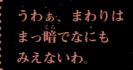
うわぁ、まわりはまっ暗でなにもみえないわ。

夜はこわくて身動きできないよ。

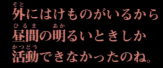
大むかしの人びとは夜になるとどうくつのなかでおとなしくしていたんだよ。

外にはけものがいるから昼間の明るいときしか活動できなかったのね。

照明デザイナーの基礎知識②

火の発見は人類にとって「明かり」の歴史のはじまりとなりました。人類は、火をじょうずに利用しながら進化をとげたともいえます。

20世紀になって、まっ暗などうくつのなかで古代人の描いた壁画がみつかりました。壁画は、1万5000年ほど前に描かれたことが調査の結果わかりました。そして、壁画の近くにある石の台が、火をおこすために使われていたこともわかっています。
この時代には、火をおこすために植物のヤニなどが使われたといいます。このような植物油を利用しておこした火を「油灯」といいます。

火がもっている特ちょう

- 火のおかげで人類は明るさを手に入れた。
- 火のおかげで人類はあたたかさを手に入れた。
- けものや魚の肉を焼くことができるようになった。
- おそろしいけものたちを追いはらってくれた。
- 目標までみちびいてくれる。

→ 火をもって、自由に行動できる「たいまつ」が工夫されました。

いろいろな場所で使うことができるように「かがり火」が工夫されました。

半球のかたちをした鉄のかごを「かがり」という。

時代の変化にあわせて、人びとは火の使い方をいろいろと考えながらより便利な使い方を工夫しました。

安心で安全な夜をみまもる 照明の世界が広がる

最初のころのたいまつは、木をたばねたものに火をつけるだけでした。やがて、ミツロウをぬった芯をつけて使うようになりました。

ミツロウというのは、ミツバチの巣からハチミツをとったあとに残ったものをいいます。ミツロウを湯にとかすとロウができるのです。

ひょっとして、これがローソクのはじめなの？

いま使われているローソクは、紀元前3世紀ごろ古代ギリシャで考えだされたといわれています。

でも、火はいつか消えてしまうよね。

そこで、必要なとき自由に火をつけて明るさも調節できるものが考えだされました。

「明かり」から「照明」の時代へ

石油やガスなどの天然資源を利用した人工的な光源（光を発するもの）によって、人が活動する屋内や空間にあわせた明るさを得られるようになりました。

 石油ランプ

 ガス灯

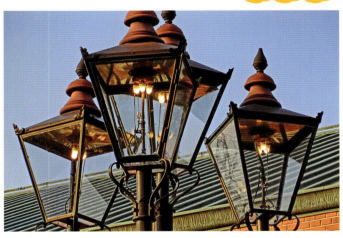

石油やガスなど天然資源といわれる燃料が使われるようになったのね。

ローソクがうまれてから1900年以上もたった19世紀のことです。こうして、「明かり」の時代は、本格的な「照明」の時代をむかえることになるのです。

照明デザイナーの基礎知識 ③

19世紀は照明が発達した時代といわれています。そして、1879年にエジソンが白熱電球を発明しました。

初期の電球でも、1000時間つづけてつけておくことができたそうです。

白熱電球のしくみ

内部にあるフィラメントという細い線に電気をながすと、3000度ちかい高温になり、明るい光をはなちます。フィラメントには、熱に強いタングステンという金属が使われていますが、電球を長く使っているとフィラメントが切れてしまい、電球はつかなくなります。

写真は、現在の白熱灯の電球。

20世紀になると、1938年に、蛍光灯がうまれました。

蛍光灯のしくみ

蛍光灯に電気をながすと、水銀がとびちって目にみえない紫外線とよばれる光をはなちます。蛍光灯の内部には、紫外線があたると赤・緑・青色に光る蛍光物質がぬってあります。色の光がかさなると、白い光になります。そのため、蛍光灯は白く光るのです。

写真は、現在の直管型蛍光灯と丸型蛍光灯。

教室でも使われているわね。

1996年には、蛍光灯につづくあらたな照明であるLEDが登場しました。

写真は、現在の電球型LED。このような電球型が安定的に提供されるようになったのは2008年ころになってからです。

安心で安全な夜をみまもる 照明の世界が広がる

これが、LED照明だ!!

LED照明のおもなメリット

- 光源の寿命が長い。白熱電球は約1000～2000時間、蛍光灯は約6000～1万2000時間、LED照明は約2万～5万時間。
- 消費する電力が少ない。白熱電球の約20パーセントの電力で使える。
- スイッチを入れたとたんに最大の明るさになる。
- CO_2の排出量が少ないので環境にやさしい。

いま、照明の世界ではLEDが主役として注目されています。では、LEDとは、どのような照明なのでしょう。

LEDは Light Emitting Diode（ライト イミッティング ダイオード）の略で、「発光ダイオード」ともいわれます。

※Light Emittingは「自然発光」、Diodeは二極真空管のこと。二極真空管は、交流を直流にかえる役割をはたします。

半導体って、どんなものだろう？

- 黄色の部分がすべてLEDチップ
- LEDチップは、ふたつの半導体からできている

半導体
導体と絶縁体の中間にあるもの。

導体
電気をとおしやすい、金属など。

絶縁体
電気をとおさない、紙や天然ゴムなど。

半導体は、電化製品や交通システム、通信システム、医療機器などを制御しながら快適に使いこなす役割をはたします。

LEDのしくみ

LEDの光る部分は、5ミリほどの大きさのLEDチップといわれるものです。LEDチップは、＋（プラス）の電気と−（マイナス）の電気をもつ、ふたつの半導体からできています。電気をながすと、LEDチップの＋（プラス）のつぶと−（マイナス）のつぶが合体して光をはなつのです。つまり、LEDは、電気をそのまま光にかえることができるのです。

光は、赤・青・緑色をくみあわせると、ほとんどの色をつくることができます。これを「光の三原色」といいます。1960年代には赤色と黄緑色のLEDが開発されました。でも青色がないので不完全といわれていました。それから30年以上たって、1993年に青色が、そして1995年に緑色が日本で開発されたのです。こうして、白色の光もつくれたので、LEDは、照明として使われるようになったのです。

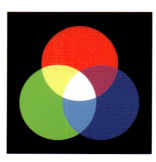

光の三原色

三原色は赤、青、緑色で、赤と緑の光が重なると黄、緑と青が重なると空色、青と赤が重なると赤紫、赤・青・緑の3色の光がまざると白になります。

照明デザイナーの基礎知識 ④

安心で安全な夜をみまもる 照明の世界が広がる

いま、私たちの社会ではさまざまな照明が活用されています。

暗いところでみえないものをみえるようにしてくれるわね。

私たちの生活は、照明のおかげで安心・安全がまもられているのね。

照明は、人の心や視覚（※）などに、よい印象をあたえてくれます。

照明はものをうつくしくみせてくれる役割もはたしているよ。

照明デザインでたいせつになる4つの要素

そして、照明デザインの世界も発展をとげています。

光のイメージづくり
どんなコンセプトでどのようなイメージの照明にするかのプランを立てます。
→ 17～19 ページ参照

照明の手法を決める
どこに照明を設置し、どのように光をあてるかといった、照明の方法を検討します。
→ 20～23 ページ参照

照明器具を選ぶ
光のイメージにあわせて光の色や明るさを検討し、照明器具の種類を選びます。
→ 24～25 ページ参照

光の調整をおこなう
イメージどおりの光が実現できるか照明実験をおこない、建築現場では最後に光を点灯して角度などを調整します。
→ 26～29 ページ参照

※人が目でものをみることができる感覚のはたらき。

照明デザイナーの仕事は、大きく3つの分野にわけることができます。

この本では、建築照明デザイナーの仕事を紹介するのね。

建築照明デザイナーの仕事には、おもに、つぎのような分野があります。

- **舞台照明デザイナー**
  - 演劇などステージやテレビ・映画・スタジオの照明をデザインする。

- **プロダクトデザイナー**
  - おもに、照明器具メーカーの商品開発やデザイン部で照明器具をデザインする。

- **建築照明デザイナー**
  - 建築とその周辺の空間や都市や地域空間の照明をデザインする。

- **住宅**
  - 一戸建てや、マンションなどの集合住宅。

- **商業・公共施設**
  - オフィスビル、デパート、ショッピングセンター、商店、宿泊施設、遊び施設などのほか、医療・交通・役所などの公共施設もふくむ。

- **文化・スポーツ施設**
  - 美術館、博物館、図書館、劇場、ホール、スポーツ施設などのほか、歴史的建造物もふくむ。

- **都市環境**
  - ランドスケープ(都市をかたちづくる景観)、公園、広場、橋など。

- **期間限定のイベント**
  - 展覧会、展示会、コンサート、イルミネーションなど。

光には、太陽や月が発する自然の光と、人工の光がある——。
人がつくりだす人工の光には、デザインがあふれている——。

むかしはおそれられていた夜もいまでは、明るくて安心ね。

照明のおかげだね。

この本では、4人の建築照明デザイナーの仕事のようすを紹介していきます。

※ 4人は、日本国際照明デザイナーズ協会の会員です。日本国際照明デザイナーズ協会は、アメリカに本部をおく国際照明デザイナーズ協会（世界最大のプロの照明デザイナーを中心とした職能集団）の、日本での拠点です。現在、日本を代表する照明デザイナー80名以上が会員となり、日本固有の照明デザインのあり方を追求しながら、業界全体の発展のためにさまざまな活動をおこなっています。

角舘まさひでさん
ぼんぼり光環境計画代表

照明デザイナーとして、数々の国際的な大型プロジェクトに参加。さらに、一級建築士、博士（工学）であり、各地域のまちづくりアドバイザー（※1）の称号ももち、光を効果的にいかしたまちづくりを手がけています。省エネ性や防犯・防災面を考えた街路灯、地域の特ちょう的な地形や歴史的建造物をライトアップすることなどによって、まちに住む人にとっても、観光客にとっても、みりょく的なまちづくりをめざしています。

●おもなプロジェクト：あべのハルカス（複合ビル）、東伊豆町熱川温泉地区街路照明計画、宮城県釜石市避難誘導環境整備計画、さいたま新都心歩行者デッキ、富山県八尾光環境整備計画、ふじようちえん、ハウステンボスのクリスマスイルミネーションほか。

澤田隆一さん
サワダライティングデザイン＆アナリシス代表

有名な照明メーカーや照明デザイン事務所などで経験を積み、独立して自分の会社を設立。社名にある「アナリシス」とは、分析や解析という意味です。光のことを知りつくしたエンジニアとして、光の効果をしっかり分析・検証をし、その結果をいかして光を自在にあやつるアーティストとして印象にのこる空間を実現しています。一般の住宅や店舗から、美術館や博物館、きぼの大きな公共施設まで、多方面の仕事を手がけています。

●おもなプロジェクト：京橋エドグラン（複合ビル）、ドイツ車・アウディのショールーム、東京電機大学東京千住キャンパス、成田国際空港第3旅客ターミナルビル、東京国立博物館正門プラザ、ホキ美術館、喜多方市役所、天童ポケットパーク、稲沢市立中央図書館ほか。

田中圭吾さん
ライトモーメント代表

国内の照明器具メーカーのデザイン課につとめたのち、ニューヨークにわたって本場の照明デザインを学びました。現在は日本だけでなく、台湾や香港、マレーシアなどの大きなプロジェクトにも参加。ホテルやレストラン、洋服などの販売店といった商業施設を中心にかつやくしています。その空間を利用する人びとが、どこで、なにを、どのようなきもちで活動するのかを分析し、用途にそった最適な光のデザインを提案しています。

●おもなプロジェクト：リージェント台北のブッフェレストラン、浦和ロイヤルパインズホテルのチャペル、ホテルオークラ福岡のフレンチレストランやラウンジバー、名古屋テレビ塔のライティング、ファッションブランドのGUESS心斎橋店ほか。

村角千亜希さん
スパンコール代表

日本を代表する照明デザイナーのもとで知識と技術をやしないながら、幅広いジャンルのプロジェクトに参加。独立後は、ホテルやレストラン、結婚式場、リラクゼーション施設などのほか、一戸建てやマンションなど住まいの照明も多数手がけています。そこに住む人の好みや生活のスタイル、目的にあわせるのはもちろん、子どもや高齢者、障害がある方たちにとってもやさしい照明デザインの提案を心がけています。

●おもなプロジェクト：一般住宅、ガーデンスパ十勝川温泉、川越氷川神社ライトアップ、ダイワハウス展示場、ハンバーガーカフェ・the 3rd Burger、ホテル カンラ京都、結婚式場の軽井沢クリークガーデン、和雑貨の店・遊 中川 奈良本店ほか。

※1）地方自治体とともに、まちづくりの事業に参加したり、地域の課題を解決するために活動する。

第2章

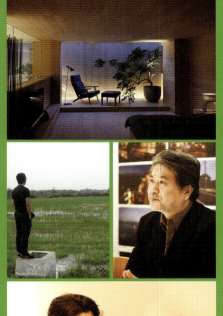

人びとの心と暮らしをささえる
照明デザイナー
Lighting Designer

いま、照明は、人びとが暮らし、生活する場所に広くいきわたっています。その種類は多種多様で、それぞれの場所に最適な照明が使われています。照明は、明るく照らすという目的をこえて、社会生活に欠かせない道具の役割をはたしながら、人を目的地にみちびき、人の心をなごませてくれます。人びとの役に立つ最高の照明プランを実現するために照明デザイナーはかつやくしているのです。

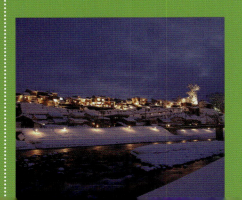

照明デザイナーの仕事 ❶

照明デザイナーの仕事は、建築の世界と深くかかわります。
そのなかで照明デザイナーが手がけるのは、
人びとの生活や社会と深くむすびついている建てものや
空間を照らす「光のデザイン」です。

照明デザインが、建築の仕あがりをかざる

人びとの心と暮らしをささえる 照明デザイナー

照明デザイナーの役割

日常生活に欠かせない照明は、人びとが毎日の生活をおくる住宅、会社や店が入るビル、駅や病院、図書館などの建てものから、庭や公園まで、さまざまな分野でなくてはならないものです。

照明デザイナーは、建築のプランが決まったときから完成するまで、必要に応じてさまざまな段階でかかわりますが、理想的な光のデザインを実現するためには、光にかんする深い知識をもつ専門家と、光で空間をすてきに演出するアーティストというふたつの才能がもとめられます。

澤田さんが照明デザインを手がけた、中国の日本式温泉宿泊施設「大連大和館観山閣」（設計：池田靖史さん／写真：サワダライティングデザイン＆アナリシス）。

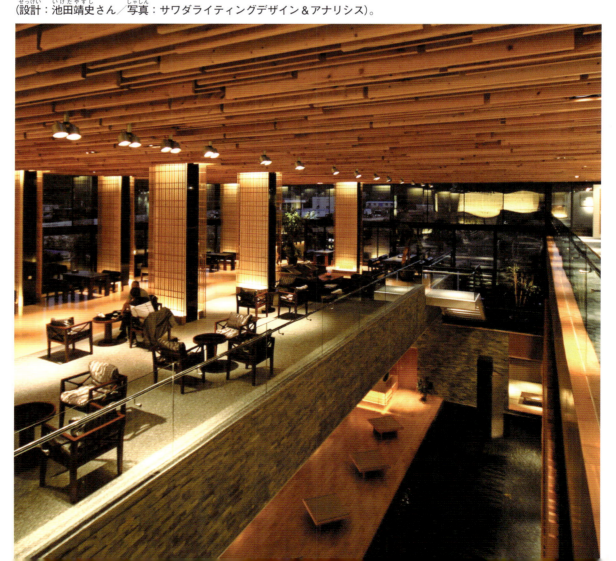

建築の基本的なながれと照明デザイナーの仕事のながれ

ここでは、基本的な建築のながれを例にあげながら、
照明デザイナーの仕事がどのように進められていくかをみていきましょう。
16ページから展開する「照明デザイナーの仕事」は、この表にあるながれにそっています。

オリエンテーションがおこなわれる	→ 16ページ	クライアント（仕事の依頼主）から、あたらしい建設の計画について説明をうけます。照明デザイナーは、建築士らといっしょにオリエンテーションに参加することもあれば、オリエンテーションが終わったあとに建築士らから説明をうけることもあります。
現地調査をする	→ 18ページ	建築士は、建築予定地をおとずれ、土地の状態や周辺環境などを調査します。照明デザイナーも同行して、周辺の光環境について調査します。
設計のプランを立てる	→ 19〜20ページ	建築士は、どのようなイメージの建てものをつくるかプランを立て、設計図を作成します。照明デザイナーは、照明デザインのイメージを決め、照明スケッチやコンセプト図（イメージ図）、完成予想図などのかたちにまとめます。
プレゼンテーションをおこなう	→ 21ページ	建築士が、クライアントに対して、自分の立てた設計のプランの説明をおこないます。照明デザイナーも、照明デザインのプランの説明をします。
建築工事の準備を進める	→ 22〜27ページ	プレゼンテーションでクライアントの了解が得られたら、建築士は、建築確認申請など必要な手続きをして、工事をうけおうスタッフとうちあわせを進めます。照明デザイナーは、照明デザインのプランにそって照明器具を選び、照明をどこに設置するかがわかる配灯図の作成、照明実験などをおこない、電気工事をうけおうスタッフとうちあわせを進めます。
建築工事がはじまる	→ 28ページ	照明デザイナーは、たびたび工事の現場にでむき、照明器具の位置や電気の配線が正しいか確認します。
建てものが完成する	→ 29ページ	照明デザイナーは、工事の最後に照明をすべて点灯してみて、不具合がないかチェックをし、光のあたる角度などを最終調整して、仕事が完了します。

照明デザイナーの仕事 ②

多くの場合、照明デザイナーは、建築会社あるいは建築士やインテリアデザイナーから依頼をうけてオリエンテーションに参加します。照明デザイナーの仕事は、ここからはじまります。

オリエンテーションに参加する

オリエンテーションは、かんたんな説明・報告の意味で「ブリーフィング」ともいいます。説明をする側は、クライアント（仕事の依頼主）とよばれます。照明デザイナーにとってのクライアントは、仕事によって、建てものの所有者（施主）の場合もあれば、施主から依頼をうけた建築会社や設計事務所、建築士などの場合もあります。

オリエンテーションの時期は、これから建築の計画を立てていく最初の段階の場合と、あるていど計画が進んでいる途中段階の場合があります。また、複数の建築会社が設計案などを提示し、そのなかから1社が選ばれるコンペ（コンペティション）がおこなわれることもあります。

1. 澤田さん／ホキ美術館（30ページ参照）
2. 田中さん／浦和ロイヤルパインズホテル（30ページ参照）
3. 村角さん／住宅の寝室（設計：ICID・三田伊理也さん、三田稚代さん／写真：ナカサアンドパートナーズ・中道淳さん）
4. 5. 村角さん／ガーデンスパ十勝川温泉（設計：高野ランドスケーププランニング、アトリエハル／写真：北田英治さん）
6. 角舘さん／富山県相倉合掌づくり集落

照明デザイナーの仕事 ❸

照明デザインのイメージを考える

オリエンテーションが終わると、建築士やインテリアデザイナー、照明デザイナーはそれぞれが担当する部分について検討するため、内容を事務所にもちかえり、事務所スタッフとともに作業を進めていきます。
建築士は建てもの全体のテーマを考えながら設計図の制作を進め、インテリアデザイナーは内装について考え、照明デザイナーは照明デザインのプランを検討していきます。

事務所スタッフとうちあわせをする

　照明デザイナーの事務所には、そのきぼにもよりますが、なん人かのスタッフがいます。スタッフのなかには、照明デザイナーとしてかつやくする人もいれば、アシスタントとして照明デザインを勉強中の人もいます。

　オリエンテーションに参加した照明デザイナーは、クライアントの要望にこたえるとともに、要望以上の提案をするため、事務所スタッフといっしょに照明デザインの検討に入ります。この検討のことを、スキーム（決められたわくぐみのなかで計画を立てること）とよぶこともあります。

　スタッフでいろいろなアイディアをだしあったり、スタッフごとに担当を決めて作業を進めていきますが、そのなかには、情報収集もふくまれます。情報収集では、建てものをどんな人が、どのような場面やきもちで利用するのか調査したり、最近のはやりや傾向などを調べます。

澤田さんが、スタッフに仕事の内容を指示したり、ホワイトボードを使ってプロジェクトのながれを説明するようす。

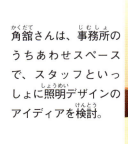
角舘さんは、事務所のうちあわせスペースで、スタッフといっしょに照明デザインのアイディアを検討。

村角さんとスタッフのうちあわせ風景。仕事によってはすでに設計図や建築模型（建てものの完成予想模型）ができあがってから、照明デザイナーに依頼がくることもあります。その場合は、図面や建築模型をチェックしながら、照明デザインの案をねります。

現地調査をおこなう

　照明デザイナーは、必要に応じて建築予定地の調査をおこなうこともあります。これから手がける建てものがどのような環境の場所に建つのか、実際に現場にでかけて自分の目で確認するのです。

　建てもののまわりにはどのような照明があり、まわりの照明からの影きょうがどのていどあるのか。太陽の光のあたり方はどうなのか。ぎゃくに、建てものにどのような照明をほどこすと、まわりへの影きょうはどうなるのか。さまざまな角度から現場のようすをみておくことは、照明デザイナーにとってとてもたいせつなことです。

　照明デザイナーは、建てものが完成して照明がついたとき、どのような状態になるのかを想像しながらプランをねります。そのためには、照度（23ページ参照）などを計算するだけでなく、実際に現場に立ち、あらゆる条件にあてはめて確認しておくことが、すぐれた照明デザインにつながります。

郊外にできるショッピングセンターの建築予定地を調査する澤田さん。現在、まわりには建てものがなく、夜にはまっ暗になるため、ショッピングセンターの照明をきょくたんに明るくしなくても、かなり目立つことがわかりました。

店が入るビルの建築予定地の周辺環境を調査するために、写真を撮る澤田さん。周辺の明るさがどのくらいあるか、道行く人がそのビルをどこからみるかを考えながら、照明デザインのプランを立てることになります。

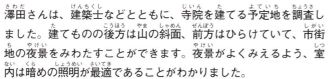

澤田さんは、建築士などとともに、寺院を建てる予定地を調査しました。建てものの後方は山の斜面、前方はひらけていて、市街地の夜景をみわたすことができます。夜景がよくみえるよう、室内は暗めの照明が最適であることがわかりました。

地域とむすびついて照明デザインをおこなうことが多い角舘さんにとって、「まち歩き」という現地調査は欠かせません。写真は、角舘さんの事務所のスタッフや研修生が、商店街の街路灯の状態を、1本1本チェックしているようすです。

照明デザインのイメージを決定する

　照明デザイナーは、さまざまな情報収集やスキーム（検討）、現地調査などの結果をふまえながら、照明デザインのイメージを考え、プランニングを進めていきます。

　照明デザインのイメージとは、たとえば、あたたかみのあるキャンドルの光のような照明を配置したくつろぎの空間、自然光のようなさわやかな光があたる子どものプレイルーム、海のなかにいるような青い光につつまれたいやしの空間などです。

　これらのイメージや、具体的な照明デザインのプランがまとまったら、クライアントに説明するための提案書づくりにとりかかります。クライアントに提案書を提示しながら説明することを、プレゼンテーションといいます。

　プレゼンテーションでは、建築士や、照明デザイナーがそれぞれ考えた案をまとめ、ひとつの提案としてクライアントに提示します。そのため、プレゼンテーションの前に建築士や照明デザイナーなどがなん度か集まり、ひとつの案にまとめる作業をおこないます。

こんなまちをめざしています

角舘さんが手がけた富山県八尾町の光環境整備。いままでの青白い光の街路灯を消し、オレンジ色の照明で統一したことで、風情のあるまちなみを実現しました。

　澤田さんは、建築士らに、自分の考えた照明デザインのプランを説明し、意見をもらいます。ぎゃくに、建築士の設計プランに対して、照明デザイナーが意見をのべることもあります。このように、ひとつのプロジェクトにかかわる人びとが協力しあいながら、修正点があれば修正し、最終的な提案書にまとめていきます。

照明デザイナーの仕事 ❹

照明のデザインをプレゼンテーションする

プレゼンテーションとは、クライアントに、提案書をみせながら自分たちが考えた案を説明することです。照明デザイナーは、クライアントが理解しやすいような提案書を作成し、建築士らとともにプレゼンテーションにのぞみます。

プレゼンテーションのための提案書をつくる

提案書は、どんな人がみてもわかりやすいかたちであることがもとめられます。説明のための文章もそえますが、おもには、照明のデザインイメージを絵や図、写真などで視覚的に表現したものが中心になります。それらは、イメージ図、コンセプト図、照明スケッチ、ドローイング（下絵）などとよばれることもあります。

※CGとは、コンピュータ・グラフィックスのこと。コンピュータの専用ソフトを利用して描いた画像。

最近は、コンピュータを利用してCG（※）で完成予想図をつくったり、動画をつくったりすることも多くなっています。しかし、なかには、手描きのイラストを用意したり、似たような照明デザインの事例やイメージ写真をボードにはってみてもらうといった、コンピュータを使わない手作業のものを用意することもあります。

村角さんは、CGを利用することもありますが、ときには色えんぴつを使ってイメージ図をつくることもあります。設計図ができあがっている場合、村角さんは、その一部をピックアップしてトレーシングペーパー（うすい半透明の紙）で複写をし、その部分の照明のイメージを絵であらわすこともあります。

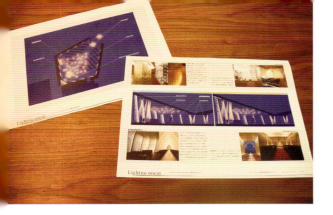

田中さんが、コンピュータのCGやイラストを描くソフトを使って作成したイメージ図。上からみた平面図や、横からみた断面図、完成予想図などがわかりやすくまとめられています。

田中さんは、提案する照明デザインのイメージが伝わりやすいように、大きなボードにたくさんの写真をはったものを用意します。写真は、提案するものと似たふんいきの風景や植物、建てものなどです。

プレゼンテーションに参加する

プレゼンテーションでは、建築士は、全体的なコンセプト（基本的な考え方）やテーマを説明しながら設計図を提案します。そして、照明デザイナーは、用意した提案書をみてもらいながら、照明デザインのイメージを伝えていきます。

提案書のみせ方は、プリントアウトしたものを配ったり、プロジェクター（映写機）を使って映像をみてもらったりと、さまざまな方法があります。ときには、かんたんな模型をつくって持参し、その場で照明実験をしてみせることもあります。とくに、なん社かが同時にプレゼンテーションをして、そのなかから1社の案が選ばれるコンペ（コンペティション）の場合は、臨場感あふれるプレゼンテーションで、クライアントの心を動かし、納得させることが必要になります。

プレゼンテーションが終わると、いよいよ実際の照明デザインにかかわっていきます。

澤田さんのプロジェクターを使ったプレゼンテーションのようす。照明デザイナーには、自分の立てたプランがクライアントにみりょく的に伝わるよう、わかりやすく説明する能力も必要になります。

澤田さんがプレゼンテーションのために用意した資料の一部。CGで作成したコンセプト図や、照明が設置された状態を横からみた断面図のほか、必要に応じて、配灯図（22ページ参照）を用意することもあります。

理想の照明デザインを実現するために

照明デザイナーの仕事 ❺

プレゼンテーションが成功すると、いよいよ実際の照明をデザインする作業に入ります。これまでに考えた照明のアイディアを、建築士が制作した設計図の上に展開していきます。その第一歩が、配灯図を制作する作業です。

照明の配置をしめす配灯図を描く

プレゼンテーションのあと、建築士はこまかな部分を修正しながら設計図を完成させます。照明デザイナーは、完成した設計図をうけとり、照明デザインの設計図である配灯図を作成します。

配灯図は、設計図のなかに照明器具の位置をしめしたもので、建築関係の図面制作ソフトであるCADを使って作成します。照明器具の位置や個数だけでなく、どんな照明器具を使うかもしめされています（照明器具選びは24〜25ページ）。

照明デザイナーは、配灯図にしめした照明が、なぜその場所に必要なのか、なぜその個数が必要なのか、きちんと説明できなければなりません。そのためには、LEDや蛍光灯、白熱灯といった光源の種類（8〜9ページ参照）、ダウンライトやペンダントライトといった照明器具のスタイル（36ページ参照）、照度や色温度、演色性（23ページ参照）など、あらゆる側面から検討・計画をし、配灯図としてまとめていきます。

配灯図

村角さんが作成した、ある住宅の配灯図。設計図に、照明器具の種類や位置などを記号や数値でしめし、さらにわかりやすいよう照明器具の部分を色えんぴつで黄色くぬってあります。

配灯図以外にも、さまざまな図面を作成

このあと、作業が進んでいって、電気設備工事会社の人が照明器具の設置や配線工事をおこなうときには、配灯図以外にも必要になる図面があります。それが、系統図、ディテール図、展開図などです。照明デザイナーは、これらの図面を準備して電気設備工事の担当者にわたし、工事がはじまる前や工事中に、なん度かうちあわせをします。計画したとおりの照明デザインに仕あげるためには、正確な図面とめんみつなうちあわせが欠かせません。

展開図

展開図とは、空間の中央から室内に立って横から四方をみたときの断面図のことで、照明器具をとりつける高さを表現することができます。

ディテール図

ディテール図とは、配灯図だけではわかりにくいこまかな場所について、照明器具の配置や寸法をわかりやすく図解したものです。

系統図

上は角舘さんの事務所、右は田中さんの作業のようす。

電気の系統図とは、配灯図のなかに、どこからどこまでがひとつの電気回路か、スイッチの種類、調光器はどこにつけるかなどの指示をくわえたものです。

基本的な光の単位

●照度…光をうけた面の明るさ（光の量）のことで、lx（ルクス）という単位であらわされます。
●光束…光源（電球など光を発するもの）から全方向への光の量をあらわすもので、単位はlm（ルーメン）。
●光度…光源からある方向に発せられる光の強さをあらわすもので、単位はcd（カンデラ）。
●輝度…光をうけた面をある方向からみたときの明るさをしめすもので、単位はcd/㎡（カンデラ毎平方メートル）。
●色温度…光の色は温度によって決まり、これをK（ケルビン）という数値でしめしたもの。電球色（約3000K）はあたたかみのあるオレンジ色、昼白色（約5000K）は正午の太陽光に近い自然な色、昼光色（約6500K）は青みがかかったさわやかな色。
●演色性…光源でものを照らしたとき、そのものの実際の色をどれだけ忠実にみせられるかを評価するもので、Ra（アールエー）という平均演色評価数でしめされます。

照明器具を選んで準備する

配灯図の作成と同時に進めるのが、照明器具選びです。照明デザイナーの事務所には、おもな照明器具メーカーのカタログが用意されていて、カタログをみながら選んでいきます。また、メーカーから見本の照明器具をレンタルし、実際に点灯させてみてチェックしながら選ぶこともあります。

澤田さんの事務所にはさまざまな照明器具があり、光を点灯させてみたり、器具の重さや、角度の調節がどのくらいできるかなども、ねんいりに確認します。また、照明器具メーカーのショールームで商品をチェックすることもあります。

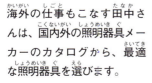

海外の仕事もこなす田中さんは、国内外の照明器具メーカーのカタログから、最適な照明器具を選びます。

村角さんは、いろいろな色（色温度）のLED照明と、壁などの内装に使用される素材の見本を使い、どの素材にどの色温度があうか確かめながら照明器具を選びます。

ときには、照明器具のデザインをすることも

理想の照明器具がみつからないときには、照明デザイナーがみずから照明器具のデザインをおこない、メーカーに発注してつくってもらうこともあります。

角舘さんがデザインした照明器具の一部。左は、和紙に特しゅなコーティングで防水加工をほどこした屋外照明。下のペンダントライトは、ガラスのビンを使ったものと、電球のガラスに合成樹脂をコーティングし、幼稚園などで子どもが割ってもガラスのはへんがとびちらないようにしたもの。

澤田さんがデザインした、「天童ポケットパーク」（山形県）の照明器具。小さな穴からこぼれる光が、げんそう的な風景をつくりだしています。
（設計：戸田芳樹風景計画／写真：サワダライティングデザイン＆アナリシス）

照明器具の一覧表をつくる

照明器具を選んだら、それを一覧表にします。表には、商品名、メーカー名、使用する場所、光源の種類、照明器具のスタイル、照度や色温度、消費電力量、金額などが書かれています。さらに、ひとつひとつの照明器具に記号をふり、配灯図にも同じ記号を書きこみ、この場所にどの照明器具が設置されるかがひとめでわかるようにします。

この照明器具一覧表と、配灯図、系統図の３点を施工業者に提出すると、建築に必要な総予算がいくらくらいになるか見積もったものがあがってきます。もしも予算がオーバーしてしまったら、照明器具や台数を変更して値段を下げる減額調整が必要になる場合もあります。

村角さんが、照明器具一覧表のほかに用意する照明器具姿図（照明器具の写真・寸法・素材など詳細資料が入ったもの）。

照明デザイナーの仕事 ❻

照明デザインのプランを立てるとき、重要になるのが照明実験です。
照明器具や照明の方法の方向性が決まったら、実際にその方法で
思ったとおりの光を実現できるのか、模型などを使って実験をおこないます。

理想のデザインを実現するための照明実験

さまざまなかたちでおこなわれる照明実験

おなじ照明器具であっても、壁や床など照らすものの素材によって、光の広がり方や色がかわります。照明デザイナーは、それまでの経験値から、どのような素材のときにはどう光るかを想定しながら、照明デザインのプランを立てます。

しかし、現場はひとつとして同じものはなく、経験値だけでは、確実にこうなるといいきれないこともあります。そこで、実際に使用する照明器具を点灯させたり、実物大の模型をつくったりしながら、照明実験をおこないます。

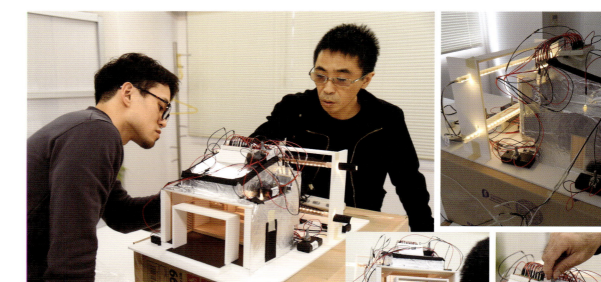

澤田さんは、寺院の照明で、プログラム制御器を使って時間の経過とともに変化する光を提案しました。実物の25分の1の模型に小さな照明器具をとりつけて模型実験をおこない、それを写真に撮って、クライアントにわかりやすく説明しました。

澤田さんは、小さなミラーをとりつけたオブジェに3色の照明をあてて、反射した光がどのようになるか照明実験をおこないました。

人びとの心と暮らしをささえる 照明デザイナー

屋外照明を目の高さに設置したとき光がまぶしすぎるため、目に入る側だけ小さな穴のあいたアルミシートをかぶせ、光を弱める実験をおこなう角舘さん。

まちのなかでおこなう照明実験

まちの明かりを手がける角舘さんは、一部の街路灯に仮設の照明を設置し、実際に点灯してみて、地域の人に照明の効果を実感してもらう実験もおこなっています。

持参した自家発電機に、電球型LEDをとりつけたコードをつなぎます。

街路灯の低い位置に、電球型LEDをガムテープでしっかり固定します。

日が暮れたら、現在の街路灯の明かりを消し、仮設の照明を点灯し、まちの人にみてもらいます。

小さなおうとつのあるアルミ板にLEDの照明器具の光をあて、反射した光がどんなもようをつくりだすか実験中の田中さん。

施設をかりておこなう照明実験

澤田さんは、照明器具メーカーの実験室や倉庫などをかりて実験をおこなうこともあります。

白い壁のスペースをかりて、ホキ美術館（30ページ参照）に展示する絵画の照明の実験をおこなった澤田さん。絵の前にカラーチェッカー（色見本帳）をあてて、演色性（23ページ参照）をチェックします。

きぼの大きな実験は、倉庫などをかりておこないます。写真は、大きな金属製のメッシュカーテンをライトアップし、どのような色になるか実験しているところ。

照明デザイナーの仕事 ❼

いよいよ工事がはじまると、照明デザイナーはたびたび現場に足を運び、指示どおりに照明器具の設置や配線がされているか確認します。そして、工事が終了すると、照明を点灯させ、仕あげの調整作業をおこないます。こうして、空間が理想的な光でつつまれたとき、照明デザイナーの仕事は完了するのです。

建築現場で、照明の効果を確認・調整する

現場にたびたび足を運び、最後は仕あげの調整を

照明器具の設置や電気の配線は、照明デザイナーが作成した図面（23ページ参照）にそって、電気設備工事会社がおこないます。照明デザイナーは、工事がはじまる前に業者の担当とうちあわせをおこない、図面だけでは意図が伝わらない部分をしっかり説明します。

そして、工事がはじまったら、たびたび現場をおとずれ、照明器具やスイッチの場所は正しいか、指示どおりに配線されているかなどをチェックします。工事が進んでしまってからでは、まちがっている場所があってもやり直しがむずかしい場合もあるため、もれがないようしっかり確認します。

また、あるていど工事が進んだところで、現場での照明効果実験をおこなうこともあります。

工事が最終段階をむかえると、実際に照明を点灯させてみて、意図したとおりに光の効果があらわれているかチェックします。角度をかえられるダウンライトなどは、ひとつひとつ角度を動かしながら、光をあてる場所を調整します。また、調光機能がついた調光システムを設置した場合は、どの時間帯にどの明るさにするかなど、調光シーンのプログラム設定をおこないます。

澤田さんは、工事中にたびたび現場にでかけます。照明器具のとりつけ位置が数ミリずれただけで照明の効果に影きょうがでるため、工事の各段階で確認作業が欠かせません。

田中さんが、現場で照明効果実験をしているようす。窓の前にアクリルを設置し、下からライトアップ。うまくアクリルの色がでるか確認します。

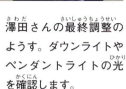

澤田さんの最終調整のようす。ダウンライトやペンダントライトの光を確認します。

すべての照明を点灯させて、あらゆる角度から光の効果をチェックする澤田さん。

田中さんが照明デザインをおこなったくつ店では、工事が終わり、店員が商品をならべるタイミングで、照明の最終調整をおこないました。天井のダウンライトの角度をひとつひとつ調整し、壁にならべた商品がうつくしく照らされるようにします。

澤田さんは、天井などのすき間にしこんだ照明ものがさず確認します。目でみえない場所は、カメラの画面や手かがみで確認することもあります。

完成したら写真を撮影

澤田さんは、最後に、いちばんよい状態で調整された光を記録にのこすため、写真撮影をおこないます。

あたらしい光が、人びとの生活をみまもる

照明デザイナーの仕事 ❽

夜……部屋のなかを、建てものを、まちのなかを、あたたかな光がつつみます。
照明デザイナーによって創造されたひとつひとつの光がつながって、
人びとに安心・安全で、居心地のよい空間をもたらしてくれます。
ここでは、4人の照明デザイナーが手がけた、建築照明デザインの一部を紹介します。

人びとの心と暮らしをささえる 照明デザイナー

美術館の照明（澤田さん）

2010年にオープンした「ホキ美術館」（千葉県）。従来は、絵の左右の上部に設置した2〜4灯の照明器具から絵画全体を照らすのが常識でしたが、当時はまだLEDのパワーが弱く、それでは明るさが足りませんでした。そこで澤田さんは、1枚の絵に対して10〜15個という数多くのLEDを設置。そして、絵のなかの暗い部分には照明をあてず、明るい部分にこまかくあてていくというあらたな手法を考えだし、絵のみりょくをひきだすことに成功しました。（設計：日建設計／写真：金子俊男さん）

チャペルの照明（田中さん）

2015年にリニューアルした、「浦和ロイヤルパインズホテル」（埼玉県）のチャペル。木材が重なりあう積層のうつくしさをみせる照明と、天井からつるされた無数のライトにこだわりました。また、昼はさわやかな白色で、夜はあたたかみのあるオレンジ色に変化するよう調光を計画しました。（設計：is DESIGN・岩田草史さん／写真：長谷川健太さん）

台湾台北市のリージェントホテルのブッフェレストラン「BRASSERIE リージェント台北」。料理がならぶカウンターには、食材の色がはえるハロゲンランプ（ハロゲンガスを利用した、白熱灯よりも明るい光源）を採用。また、天井のガラスのオブジェに光をあてて、きらびやかに演出しました。（設計：橋本夕紀夫デザインスタジオ／写真：ナカサアンドパートナーズ・中道淳さん）

レストランの照明（田中さん）

住宅の照明（村角さん）

村角さんは、住む人の生活のスタイルにあわせて、照らしたいところはどこなのか、どんなときにどんな明かりがあればきもちいいのかを考えました。リビングダイニングの照明は、1日の生活シーンにあわせて明るさを調節できるよう調光器を設置。キッチンは家事をしやすい明かり、子ども部屋には背の低い明かりを工夫しました。（設計：ICID・三田伊理也さん、三田稚代さん／写真：水谷綾子さん）

結婚式場の照明（村角さん）

自然のなかにたたずむ「軽井沢クリークガーデン」（長野県）。木の質感をたいせつにした建てもののうつくしさをひきだす照明デザインが特ちょうです。（設計：山本良介アトリエ／写真：松村芳治さん）

まちの明かり（角舘さん）

まちを照らす街路灯の照度（明るさ）には法的な決まりはありませんが、おすすめの平均照度があります。日本では平均照度にもとづいた街路灯の整備がされていて、これが「夜の風景は、どのまちも同じ」になってしまっている原因だと、角舘さんは考えます。そこで、角舘さんは、その地域ならではのみりょくをひきだすまちの明かりをつくろうと、全国各地にでむき、活動をおこなっています。写真は、伊豆熱川温泉（静岡県）の照明実験のようすで、駅から、行き先をしめす小さな明かりをたどっていくと、ひときわかがやく温泉街のシンボル・温泉やぐらのライトアップに目をうばわれます。

八尾町（富山県）の光環境整備計画の事例。この地域の特ちょうである、石垣の上にならぶまちなみをきわ立たせるような照明をデザインしました。

気仙沼港（宮城県）の照明実験のようす。港のシンボルである海岸ぞいの神社をライトアップ。神社の境内は高台になっているため、津波時の避難誘導という意味もあります。また、海面にうつりこむ光もうつくしくみえるようにしました。

書店の照明（角舘さん）

明文堂書店 TSUTAYA 戸田（埼玉県）には、子どもたちが本と楽しくふれあうことができるキッズスペースがもうけられています。照明は、スポットライトで明るさを確保しながらも、天井からつるした電球型のLEDで楽しげなふんいきを演出しました。（設計：SAKO建築設計工社）

都心の保育園「グローバルキッズ飯田橋園」（東京都）。遊ぎ室に木のオブジェやすべり台、ブランコなどを設置し、照明も遊び心たっぷりのデザインに。（設計：石嶋設計室／のみぞ計画室、室内園庭デザイン：コト葉LAB.）

保育園の照明（角舘さん）

照明デザイナーの気になるQ&A

照明があるところには、多くの人びとがつどい、さまざまな生活がいとなまれています。そんな快適な空間を演出する照明デザインの仕事について知っておきたいことを解決していきましょう。

ぜひ、教えてもらいたいことがあります。

ぼくも質問しま〜す。

Q1 照明デザイナーになるための進路
照明デザイナーをめざそうとしたとき、どのような進路がありますか？

A 照明デザイナーになるために、かならず必要になる資格はありません。また、照明デザインを専門的に学べる学校はほとんどないのが現状です。そのため、照明デザイナーをめざすための決まった進路はありません。

しかし、右に紹介したような学校で、照明デザイナーに必要となる建築や設計、電気工学、インテリアなどの基礎を学んでおくと有利になります。

高等学校で基礎を学ぶ
高等学校には、全般的な知識を学べる普通科のほかに、建築や電気について専門技術や知識を学ぶことができる工業高校があります。さらに、美術系のデザインコースがある学校なら、照明デザイナーの仕事に役立つアートな感覚をやしなうことができます。

より専門的に学ぶために
大学・短大、または専門学校では、より専門的なことを学習することができます。大学・短大の場合は、工業系の学校で照明デザインにつながる建築や電気などを、美術系の学校では高度なデザインの知識と技術を学ぶことができます。専門学校のなかには、照明デザインのコースをもうけているところもあります。

社会にでてから
照明にかかわる会社に就職し、照明デザイナーのアシスタントなどをしながら、すこしずつ技術と知識を身につけていきます。照明にかかわるおもな会社には、34ページのようなところがあります。

照明デザイナーになるまでの進路

右の表は、照明デザイナーになるための進路をしめしたものです。

工業高校では、建築や電気の基礎を学ぶことができるんだよ。

中学校
↓
高等学校
（●普通科 ●工業科 ●電気科 ●美術科 ●デザイン科 ●インテリア科 など）
↓
大学・短大／専門学校

大学・短大：（●一般大学 ●工業大学（建築・電気工学） ●美術大学（デザイン） など）

専門学校：（●照明科 ●デザイン科 ●建築科 ●インテリア科 ●電気工学科 など）

↓
就職
（●照明デザイン事務所 ●照明器具メーカー ●建築会社 ●建築設計事務所 ●インテリアデザイン事務所 ●電気設備工事会社 など）
↓
照明デザイナー

照明デザインでは、美術のセンスもたいせつなのね。

照明デザイナーがかつやくする下のような会社に就職して、実際に仕事をしながら照明デザインの世界とむきあうことができます。

照明にかかわるおもな会社

照明デザイン事務所
照明デザイナーが独立・開業した事務所で、きぼうによって何名かの照明デザイナーのスタッフやアシスタントが所属します。11ページでふれたように、住宅や商業・文化・ランドスケープ（景観）などの分野で、照明プラン（基本設計・実施設計）から、照明器具が設置されたあとの最終調整までをおこないます。

照明器具メーカー
照明や家具の専門店、電気店、デパート・スーパーなどで販売したり、建築の現場で設置される照明器具の企画・制作をおこないます。メーカーによっては、照明の設計にたずさわる部門をもつ会社もあります。

建築会社
一戸建ての住宅やアパート・マンションなどの集合住宅、ビルなどの建てものを、施主の依頼にそって設計から完成まで手がけます。建築士が所属している場合は、社内にもうけられている設計部門で、建築設計と同時に照明の設計をおこなうこともあります。

建築設計事務所
建築士が中心になり、運営される事務所です。施主（オーナー）の依頼をうけて、建てものの設計をおこなうながれのなかで、照明の設計を手がけることがあります。

インテリアデザイン事務所
おもに内装（インテリア）を手がけます。インテリアにあわせて、照明器具のデザインや、照明の設計を手がけることもあります。

電気設備工事会社
建築の現場で、電気の配線などをおこなう会社です。基本的には、照明設計プランにもとづき、現場で照明の設置や配線などにたずさわりますが、なかには照明の設計を手がける会社もあります。

Q2 照明デザイナーのネットワーク
照明デザイナーは、どのようなスタイルで仕事をこなしているのですか？

A　照明デザイナーは、関連する多くの職業の人たちと協力するスタイルで仕事をこなしています。そこで、たいせつになるのが、仕事をするためのネットワークづくりです。ここでは、照明デザイン事務所に所属する照明デザイナーが、いっしょに仕事をする機会が多い職業を紹介します。

> 建築の仕事は、設計、建てものの土台づくり、水道・ガス・電気の配管・配線、内装・外装などの仕あげまで、それぞれの工程を専門のプロが手がけます。そのなかで、照明デザイナーは、照明をどのように配置するかという設計からたずさわり、実際に照明が配置されたら、光のあたり方などを調整する作業までを担当します。

照明デザイナーのネットワーク

建築士
建築士は、建てものの設計プラン(構造の設計や耐震など)を立てて設計図を描き、建築の準備を進めます。建築現場では、進行管理をしたり、仕あがりをチェックしたりします。照明デザイナーは建築士とチームをくんで仕事をおこなうことも多く、あるていど設計プランができあがってから依頼されることもあれば、いちばん最初の建てもののコンセプトづくりからいっしょに参加することもあります。

空間デザイナー
建てものの内部や外部の空間のデザインを考えるのが空間デザイナーです。たとえば、美術館・博物館などの展示物の配置を考えたり、庭や公園の空間デザイン、建てものの内部の空間デザインなどをあつかいます。そのながれのなかで、照明について、照明デザイナーとともにプランを立てて、実現していきます。

電気工事士
建てものの電気系統の工事を担当します。照明については、あらかじめ照明デザイナーが作成したプランにそって配線工事をおこない、照明器具を設置していきます。照明デザイナーは、電気工事士に照明プランの図面(22〜23ページ参照)をわたしてうちあわせをおこない、自分が考えた照明プランを具体化していきます。

照明器具メーカーのプロダクトデザイナー
照明器具メーカーに所属し、照明器具の商品開発にたずさわる照明デザイナーのことを、プロダクトデザイナーと呼ぶことがあります。照明デザイナーが考えた照明プランのなかで、すでに商品化されている照明器具ではどうしても足りない場合、メーカーのプロダクトデザイナーに相談して、イメージどおりの商品を開発してもらうことがあります。

インテリアデザイナー
建てものの内装をどのようにするかプランを立てます。このとき、照明については照明デザイナーにプランニングを依頼することがあります。

インテリアコーディネーター
室内の壁紙やカーテン、カーペット、家具や照明などの内装をコーディネートします。このとき、照明については、照明デザイナーに依頼することがあります。

Q3 照明デザイナーがあつかう照明器具

照明デザイナーがあつかう照明器具にはどのようなものがありますか？

照明デザイナーは、照明デザインにあわせてさまざまなスタイルの照明器具をあつかいますが、おもなものを紹介します。

ペンダントライト

天井からコードやチェーンなどでつるして使う照明器具です。和室やリビング、ダイニングテーブルの上などに設置されることが多く、装飾性の高いシャンデリアもペンダントライトのなかまです。

ブラケットライト

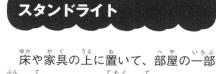

壁にとりつけて使います。インテリアとして部分照明に適しています。階段や廊下、玄関などでも補助的な照明として使われます。

ダウンライト

天井にうめこむかたちで設置するので、目立たないように使うことができます。複数をならべて使うのが一般的です。

スタンドライト

床や家具の上に置いて、部屋の一部分を照らしたり、手元を照らしたりします。かんたんに設置できる間接照明（スポットライトなどの直接照明に対して、光を壁などにあてた反射光を使ってやわらかく照らす照明方法）として、住宅などでもよく利用されています。

スポットライト

一部分を明るく照らすために使われます。壁の絵をうつくしくみせたり、観葉植物を下からライトアップしたりといった使い方もします。

シーリングライト

天井に直接はりつけるように設置して使います。全体を明るく照らす効果があります。

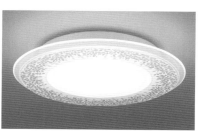

※写真協力：Panasonic

照明デザイナーがおもに使う道具

Q4 照明デザイナーが仕事をするときには、どのような道具を使いますか？

A　照明デザイナーが使いこなす道具は、照明のプランを考えるときに使うものと、照明器具を設置した現場で使うものに大きくわけられます。

図面制作に使う道具

照明デザイナーは、照明プランを立てるとき、完成をイメージできる照明スケッチや、配灯図（建築士が作成した設計図に照明の位置を書き加えたもの）、断面図などを作成します。このとき、コンピュータでCAD（建築用の図面作成ソフト）や写真加工ソフト、絵を描くことができるソフトなどを使うほか、右の写真のような文具を使って手描きで仕あげることもあります。

設計図の上にあてて一部を複写するときに使うトレーシングペーパー、製図用の三角スケールやコンパス、配灯図で照明の場所をあらわすときに使う黄色の色えんぴつなど。

照明実験に使う道具

同じ光をあてても、あてる素材によって光り方や色が変わることがあります。そこで照明デザイナーは、さまざまな内装の素材を用意し、小さいサイズの照明器具で光をあてる実験をおこないます。また、さまざまな色のフィルムを照明器具にセットし、光の色がどのようになるかチェックしたりします。

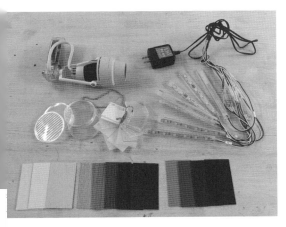

黄から白までいろいろな色（色温度）のLEDライン照明を、木やプラスチックなどの板見本にあてて、色みなどをチェック。また、スポットライトの先端にさまざまなもよう（カット）が入ったアクリル板をあて、光がどのように変化するか確認したりします。

現場で使う道具

現場では工事がおこなわれているので、安全のためヘルメットは必じゅ品です。光の強さを測定する照度計という機械も欠かせません。また、夜の作業が多いので、冬には手ぶくろなどの防寒準備もばんぜんにおこないます。

ヘルメット、防寒グッズ、光の強さなどを測定できる照度計、各所のサイズをはかるためのまき尺、小さなすきまに設置された照明器具をチェックするために使う手かがみ。

※写真協力：村角千亜希さん（39ページ参照）

Q5 照明デザイナーをめざしたきっかけ
第一線でかつやくする照明デザイナーの方はどのようなきっかけで、照明デザインの仕事をめざしたのですか？

A ここでは、この本に登場した4人の照明デザイナーが、この仕事をめざしたきっかけを語っていただきます。

※12ページとあわせて読んでください。

まちの表情をたいせつに、照明デザインを考える　　角舘まさひでさん

　角舘さんは、日本大学理工学部建築学科から大学院の建築学科に進み、ハンディキャップのある人にやさしい建築について研究しました。卒業当時の日本は景気がよく、一級建築士の資格をもつ角舘さんにとって、就職先はひく手あまただったといいます。そんななか、角舘さんは同級生とは少しちがう側面から建築の仕事にたずさわりたいと考えました。いままで学んできた建築の世界で、「空間を認識することができるのは、そもそも光があるおかげだ」と気づき、まずは光について勉強しようと、「TLヤマギワ研究所」（※1）に就職しました。その後、照明デザイン事務所「ライティングプランナーズアソシエーツ」（※2）にうつりました。こうして、約10年間、照明デザイナーとしてのうでをみがきました。

　そのあいだに日本の景気は低迷し、社会の変動のなかで、「明るければよい」という基準で地域の照明のあり方が決められていることに疑問をいだくようになりました。やがて、まちづくりと照明デザインを結びつけて考える「ぼんぼり光環境計画」という自分の会社を設立しました。まちづくりにかかわるには、地域の自治体を説得しなければならず、そのためには、きちんとした理論にもとづく研究データが必要だと考え、あらためて大学で勉強し、博士号（工学）を取得しました。

　現在では、全国各地のまちで、明かりをかえることで、安心・安全な暮らしが実現し、地域活性化にもつながるまちづくりを多数手がけています。

つねに照明実験をくりかえしながら、照明デザインの現場にのぞむ　　澤田隆一さん

　澤田さんはもともと、イラストレーターをめざし、武蔵野美術大学造形学部空間演出デザイン学科に入学しました。しかし、大学でワンダーフォーゲル部に入り、一眼レフカメラを使って山や海、雲や霧などの自然を撮影しているうちに、光と影のうつくしさにみりょうされました。これをきっかけに、自ら光をあやつることができる仕事をめざして、「TLヤマギワ研究所」（※1）に入社しました。そこで仕事をしていくうちに、照明デザイナーという仕事がどんどんおもしろくなっていきました。その後、照明デザインの事務所「ライティングプランナーズアソシエーツ」（※2）にうつり、ホテルやショールーム、図書館や美術館などの公共施設、駅前再開発の街路照明まで、数多くのプロジェクトを担当。2004年には独立して「サワダライティングデザイン＆アナリシス」を設立しました。

　澤田さんは、照明デザインのみりょくについてこう語っています。

　「照明デザインの仕事にとって経験の積みかさねはたいせつですが、それだけにとらわれていては、あたらしい発想はうまれません。毎回、あらたなことに挑戦しつづけるきもちがたいせつです。苦労することもありますが、そのぶん、建築の最後の仕上げに照明を点灯して、建てものが光につつまれたときのよろこびは大きなものです」

　澤田さんの事務所には数多くの照明器具がそろっています。そして、つねに照明実験をおこない、あらたな照明手法をうみだす努力をおこたりません。それが、照明デザイナーとして第一線でかつやくしつづける澤田さんをささえているのです。

海外の経験をいかし、国内外に次のデザインを発信する

田中市兵衛さん

埼玉県出身。東海大学工学部電気工学科を卒業後、大手電機メーカーに就職。照明事業部に配属され、業務用から家庭用まで、幅広い照明のデザインを手がけてきました。その後、次の挑戦をするため、次のような考えを持ちました。

しかし、海外で専門的な照明の知識を学びたいと考え、次のような行動をとりました。

まず、アメリカの照明器具メーカーに転職。そこで、照明の知識を深めました。(※3)「照明コンサルタント」という民間資格を取得。さらに、(※4)「照明士」という照明デザインの国家資格も取得しました。

大学の授業では、照明の知識を多く学ぶことができました。しかし、海外で実践的な照明デザインの勉強をしたことで、より深い知識を持つことができました。また、運搬の図面を描いたり、照明についてもより深い知識を持つようになりました。その後、大手の照明メーカーで照明のデザインを担当しました。

皆さんの暮らしにあう、暮らしの照明をデザインする

竹内千恵さん

田中さんは、東海大学工学部を卒業後、大手電機メーカーに入社しました。照明事業部に配属され、業務用から家庭用まで、幅広い照明のデザインを手がけてきました。そして、ニューヨークの大手照明器具メーカーに入社して4年間、照明のデザインを学びました。帰国後、「ライトマン」を設立。現在、田中さんは海外を中心に、国内外にもアジアを中心に4つの事務所をかかえています。

照明デザインをしている竹内さんは、業務中に「照明デザイナー・国内外の照明のデザインをつくる」という仕事をしています。照明デザイナーは、空間に合った照明器具をつくったり、実際性だけではなく、照明器具をつくり、美しさを重視した照明をつくる仕事です。

竹内さんは「照明デザインは、人の生活や文化、その上の地域の風土などもしっかり頭に入れて、その空間を利用する人が快適に過ごすことができるような照明をつくる」と言います。例えば、人の神経を刺激し、集中力を増す照明など、次のようなリビングで家族が落ち着いて過ごせるような「暖かみのある照明」、毎日の暮らしに合った照明を考え、デザインしています。

※1）大手照明器具メーカーで、日本初の照明コンサルタント会社を設立したコンサルタント。
※2）照明デザイナー・国内外さんが代表をつとめる照明デザインの会社。
※3）照明コンサルタント・だれでも受講できる、照明知識についての5カ月間の通信教育を1回の受講で。
※4）照明デザイナー・東海大学部さんが代表をつとめる5つの会社。
※5）照明デザイナー・竹内千恵さんが代表をつとめる5つの会社。

時代をつくるデザイナーになりたい!!
照明デザイナー

*この本をつくったスタッフ

企画制作	佐野知子
編集制作	スタジオ248
デザイン	渡辺章紀
イラスト	おちあい叶菜
写真撮影	相沢修二
DTP	株式会社日髙

*取材に協力していただいた方々（敬称略）

一般社団法人 日本国際照明デザイナーズ協会
角舘まさひで（ぼんぼり光環境計画）
面出薫一（ライティングプランナーズアソシエーツ）
田中俊幸（ライモーメント）
杉森千恵美（スパンコール）

Panasonic

2017年3月25日　初版第1刷発行

編著　スタジオ248
発行者　圓岡紀幸
発行所　株式会社 六耀社
　　　　東京都江東区新木場2丁目2番1号　〒136-0082
　　　　電話 03-5569-5491　Fax 03-5569-5824
印刷所　シナノ書籍印刷株式会社
NDC375／40P／283×215cm／ISBN 978-4-89737-852-7
© 2017 Printed in Japan

本書の無断転載・複写・複製は、著作権上の例外を除き、禁じられています。
落丁・乱丁本は、送料小社負担にてお取り替えいたします。